CPSIA information can be obtained
at www.ICGtesting.com
Printed in the USA
BVHW020046060721
611166BV00013B/1263

ذكرى

- خريجة جامعة الإمارات العربية المتحدة.
- فائزة بالمركز الأول في جائزة الشارقة للتأليف المسرحي المدرسي على مستوى دول مجلس التعاون 2016- 2017 عن نص "أمني وأماني".
- فائزة في جائزة خليفة التربوية فئة (إبداعات تربوية للأطفال) عن المجموعة القصصية "(حكايات وذكرى)".

ويكبر الطفل

ذكرى علي الذيب

AUSTIN MACAULEY PUBLISHERS
LONDON • CAMBRIDGE • NEW YORK • SHARJAH

الإهداء

إلى طفلي الذي سَيَكبَر يومًا.

حقوق النشر © ذكرى علي الذيب (2021)

تمتلك ذكرى علي الذيب الحق كمؤلفة لهذا العمل، وفقاً للقانون الاتحادي رقم (7) لدولة الإمارات العربية المتحدة، لسنة 2002 م، في شأن حقوق المؤلف والحقوق المجاورة.

جميع الحقوق محفوظة

لا يحق إعادة إنتاج أي جزء من هذا الكتاب، أو تخزينه، أو نقله، أو نسخه بأي وسيلة ممكنة؛ سواء كانت إلكترونية، أو ميكانيكية، أو نسخة تصويرية، أو تسجيلية، أو غير ذلك دون الحصول على إذن مسبق من الناشرين.

أي شخص يرتكب أي فعل غير مصرح به في سياق المذكور أعلاه، قد يكون عرضة للمقاضاة القانونية والمطالبات المدنية بالتعويض عن الأضرار.

الرقم الدولي الموحد للكتاب 9789948452898 (غلاف ورقي)
الرقم الدولي الموحد للكتاب 9789948452881 (كتاب إلكتروني)

رقم الطلب: MC-10-01-2704064
التصنيف العمري: 9-6

تم تصنيف وتحديد الفئة العمرية التي تلائم محتوى الكتب وفقاً لنظام التصنيف العمري الصادر عن المجلس الوطني للإعلام.

الطبعة الأولى (2021)
أوستن ماكولي للنشر م. م. ح
مدينة الشارقة للنشر
صندوق بريد [519201]
الشارقة، الإمارات العربية المتحدة
www.austinmacauley.ae
+971 655 95 202

شكر وتقدير

أختي مريم..
شكرًا مِن القلب.

المقدمة

خُلِقتَ لتعمَّر لا لتدمَّر

الشخصيات

(شجرة - العصافير البيضاء: شحرورة، أغرودة، عصفورة الصغيرة، اللطيم، الكسير - أرنوبة - غزالة - خروفة - ملكة النحل تتبعها نحلتان - فراشة - الطفل الصغير).

المشهد الأول

(علَى صوتِ زَقزَقةِ الطُّيورِ تتدرَّجُ إضاءَةُ الصَّباحِ البَديعِ، وتَدخلُ العَصافيرُ البَيضاءُ إلَى المسرَحِ وهيَ تطيرُ يَمنةً وشِمالًا حتَّى تَستقِرَّ علَى الأراجِيحِ المعَلَّقةِ بالشَّجرةِ القديمَةِ، والفراشَةُ المتألِّقةُ تَدورُ حَولَ الشَّجرةِ، والغزالَةُ والأرنُوبةُ والخرُوفةُ يلعَبنَ معًا).

أغرُودَةُ (بحَماسٍ وهيَ تتأَرجحُ):

- صباحُ الخيرِ يا دُنيا الجَمالِ.

شَحرُورة (وهِيَ تُحرِّكُ جَناحَيها):
- صباحُ السَّعيِ وتَحقيقِ الآمالِ.
عُصفُورَةُ:
- صباحُ النَّشاطِ والبَدءِ بِالأعمَالِ.
أغرُودَة (وهِيَ تضعُ جَناحَيها عَلى بَطنِها):
- وكيفَ سَنبدَأُ بِالأعمَالِ ونحنُ نَشعرُ بِالجُوعِ يَا عُصفُورة؟
عُصفُورَةُ (يُصدِرُ بَطنُها أصوَاتًا تدُلُّ عَلى الجُوعِ):
- مَعكِ حقٌّ يَا أغرُودَة؛ فأَنَا جَائِعةٌ جِدًّا، وبَطنِي بَدأ يُزقزِقُ.
شَحرُورَة (تُشيرُ إلَى التَّلةِ التي علَى يَمينِ المسرَحِ):
- إذًا مَا رأيُكما أن نَذهبَ لِلبَحثِ عَن الطَّعامِ فَوقَ تِلك التَّلةِ؟
أغرُودَة:
- حَسنًا، هيَّا بِنا، فهُناكَ الكَثيرُ مِن البُذورِ اللَّذيذةِ.
عُصفُورَة (وهِيَ تَبلعُ لُعابَها):
- يَم يَم! هيَّا بِنا، فلُعابي بدأ بالسَّيلانِ.
أغرُودَةُ:
- إذًا هيَّا طِيري يَا شَحرورَةُ، وتَأكَّدِي مِن أمنِ المكَانِ.

ثمَّ تطيرُ شَحرورةُ، فتَسألُها عُصفُورة:
- هَل المكَانُ آمِنْ؟
شَحرورَةُ (بِثقةٍ):
- إنَّ المكانَ آمِنٌ، هيَّا اتبعُوني بخطٍّ مُستَقيمٍ.
ثمَّ تَتبعُها أغرُودةُ وعُصفورةُ وهما تَقولَانِ بِصوتٍ عالٍ:
- إلَى اللِّقاءِ يَا شجرَتَنا الجَميلَة.
شجرةُ (تُلوِّحُ لَهُم بأغصَانِها):
- إلَى اللِّقاءِ، انتَبِهُوا لأنفُسِكُم جيِّدًا.
مَلِكةُ النَّحلِ (تَدخلُ للمَسرحِ مَع النَّحلِ، وتَنبهرُ بِجَمالِ الرَّوضةِ، ثمَّ تَدورُ بينَ الأشجَارِ والأزهَارِ ويَتبعُها بقيَّةُ النَّحلِ إلَى أن تَصلَ إلَى الفراشَةِ والشَّجرةِ):
- مَا أجملَ هذِه الرَّوضةَ! سُبحانَ مَن سَوَّاها وزيَّنَها! كلُّ شيءٍ فِيها يمدُّنا بالطَّاقةِ الإيجَابيَّةِ، ويبثُّ فِي جَسَدِنا شُعورًا بالسَّعادةِ، وبعقلِنا أفكارًا جَميلةً للعَملِ.
شجرةُ (بِسَعادةٍ):
- أهلًا يَا مَلِكة.
ملكةُ النَّحلِ (تبتسِمُ):
- أهلًا يَا شَجرةُ، كلُّ يومٍ تُصبحينَ أجملَ وأروَعَ!

شَجرةُ (بِامْتِنانٍ):
- شُكرًا لكِ.
الفَراشَةُ (تُرَفرِفُ وتَذهبُ نحوَ مَلِكة):
- هَل أحَببتِ رَوضَتَنا؟
مَلِكةُ (بِفرحٍ تُشيرُ إلَى الغَافةِ):
- نَعَم.. وقَد قرَّرنَا أَن نَبنيَ خلِيَّتَنا عَلى شَجرةِ الغَافِ تِلك.
شَجرةُ (بِاسْتغرابٍ):
- ولِكن مَاذَا عَن خلِيَّتِكمُ السَّابقَة؟
مَلِكةُ (بِابْتسامةٍ):
- خلِيَّتُنا السَّابقةُ أهدَيناهَا للإنسانِ!

شَجرةُ (مُندهِشة):
- هَاه! الإنسَانُ؟!
الفَراشَةُ:
- نَعَم يَا شَجرة؛ فَالإنسانُ يحبُّ العَسلَ، ويعرِفُ فَوائدَه الكَثيرَة.
مَلِكةُ (بِفرحٍ):
- هَذا صحيحٌ، ولِهذَا يَجتهدُ بِالبحثِ عَنه والحُصولِ عَلَيه.
شَجَرةُ (يُخالِجُها شعورٌ بالتَّوتُّرِ):
- وكأنَّ العَصافيرَ تأخَّرَت بِالرُّجوعِ.

الفَراشَةُ (بِخَوفٍ):
- نَعَم نَعَم، تَأخَّرَت كَثِيرًا.
شجَرةُ (مُتوَتِّرة):
- استُرْ يَا رَبِّ.. أتَمَنَّى بِأَن تكونَ بِخيرٍ.
(ثمَّ تذهبُ ملِكةُ النَّحلِ إلى شَجرةِ الغَافِ؛ لتَصنعَ خلِيَّتَها، وتَدخُلُ العَصافِيرُ عَلَى صوتِ الزَّقزقَةِ).
شجَرةُ (بفرحٍ وهيَ تُلوِّحُ بأغصانِها):
- هَا هُم قَد وصَلُوا!
فَراشَةُ (بِسعادةٍ):
- الحَمدُ للهِ! أهلًا أهلًا بِكُم يَا عَصافيرَ المحبَّةِ والتَّسامُحِ والجَمالِ.
شَحرورَةُ (بِشقَاوةٍ تَلحقُ بالفَراشَة):
- أهلًا بكِ يَا فَرَاشةُ! مَا رَأيُكِ أَن أذوقَ طعمَكِ اللَّذيذَ قَليلًا؟
فراشَةُ (مُحاولةً الهَربَ):
- أيَّتُها الشَّقيَّةُ.. فِي البندِ الخَامِسِ مَكتوبٌ...
شَحرورَةُ (تَضحكُ):
- إيذَاءُ الغَيرِ مَمنوعٌ.
شَجرةُ (تَضحكُ علَيهِما):
- كُفِّي عَن هذِه الشَّقاوةِ يَا شَحرورَة؛ ففِي دُستُورِنا مَمنوعٌ إيذَاءُ الغَيرِ!

(وفَجأةً يَسمعُ الجَميعُ صوتَ انفِجارٍ كبيرٍ)!
أرنُوبَةُ (بخوفٍ):
- بِاسْمِ اللهِ! مَا هذَا؟!
غَزالةُ (تَرتجِفُ سَاقَاها مِن الخَوفِ):
- لَا أعلَمُ.. مَا هُو يَا تُرى؟
خَروفَةُ (تَختبِئُ خلفَ الشَّجرةِ):
- زِلزالٌ.. زِلزالٌ.. يَا وَيلي! اهرُبُوا.
فَراشَةٌ (تُرَفرِفُ بجَناحَيها، وتَذهبُ يَمينًا ويَسارًا):
- هيَّا اهرُبُوا خلفَ الأحجَارِ والأشجَارِ.
شَحرورَةُ (تُخاطِبُ أغرَودةَ وعُصفُورةَ):
- حَلِّقوا عاليًا، وتفرَّقُوا.
شَجرةُ (باسْتغرابٍ):
- مَاذا حَدثَ؟! مَاذا صَارَ؟!
شَحرُورَةُ (تَطيرُ عَاليًا):
- إنَّني أرَى دُخَانًا وحريقًا كَبيرًا فِي رَوضةِ الجِيرانِ.
شَجرةُ (بحزنٍ):
- لَا حَولَ ولَا قوَّةَ إلَّا باللهِ! يَا ربِّ استُر، يَا ربِّ الطف بِحالِهِم.
أغرُودَةُ:
- هيَّا بِنا.. لِنذهَبْ ونُساعِدْهم.
شَجَرةُ (بخوفٍ):
- لَا.. لَا تذهَبُوا!
شَحرُورَةُ (بإصرارٍ):
- يجبُ أَن نذهبَ ونساعِدَهم، سَامحِينا يَا شجَرة!
(ثمَّ تُحلِّقُ العَصافيرُ ذاهبةً إلَى رَوضةِ الجِيرانِ).

المشهد الثاني

(علَى صوتِ التَّدميرِ والتَّفجيرِ والاحتِراقِ، تُسلَّطُ الإضاءَةُ الحَمراءُ علَى المبَاني والأشجارِ المحترِقةِ، والبُيوتِ المدَمَّرةِ، والأعشَاشِ المشتعِلةِ، والطُّيورِ المقتولةِ).
شَحرورةٌ تُخاطِبُ العُصفورَينِ الوَحيدَينِ اللَّذَينِ نَجَوَا:
- مَاذَا حَدثَ؟ مَاذَا هُناكَ؟ مَا الذِي حدثَ لكُما؟
العُصفورُ لَطيمٌ يَبحثُ عَن أبيهِ وأمّه، ويَذهبُ لأخِيهِ الذِي يتأوّهُ مِن الألَمِ، ثمَّ يُنشِدُ:

لَم يَحدثْ شَيءٌ.. لَم يَحدثْ شَيءٌ

فقَط أنَا أصبَحتُ لَطيمًا

وأخِي فقَدَ جسَدًا سَليمًا

انظُرِي.. هذَا.. هَذا عُشِّي

كُنتُ فِيه مَع عائِلَتِي

فِيه أبِي يُطعِمُني

وأمِّي فِيه تُدفِئُني

وقَبلَ بُرهةٍ كَانُوا مَعي
كانَ أَبِي يُعلِّمُني
عَلَى الطَّيرَانِ يُدرِّبُني
وأمِّي مَعه تُشجِّعُني
طِرتُ لِبُرهةٍ
وعُدتُ لِصَدمةٍ
مَاذا هُناك؟! مَاذا هُناك؟!
لَم يَحدثْ شَيءٌ.. لَم يَحدثْ شَيءٌ
فقَط أنَا أصبَحتُ لَطيمًا
وأخِي فقَدَ جسَدًا سَليمًا

شَحرورةُ (بِحزنٍ):
- لَا فَائِدَةَ مِن البَقاءِ هُنا.
عُصفُورةُ (وهيَ خَائفةٌ علَيهِم):
- المكَانُ خَطيرٌ! يَجبُ أن نَرحلَ بِسُرعةٍ.
أغرُودةُ:
- تَعالَ معَنَا.
العُصفُورُ لَطيمٌ (يَبكِي):
- لَا.. لَا أُريدُ الذَّهابَ.

عُصفُورة:
- هَيَّا، لَا فَائِدَةَ مِن البَقاءِ هُنا، يَجِبُ أَن نَخرجَ بِسُرعةٍ؛ فَالمكَانُ ليسَ آمِنًا.
العُصفُورُ لَطيمٌ (يَبكِي):
- وكَيف أَخرجُ مِن رَوضَتي.
أغرُودَةُ:
- يَجِبُ أَن تَنجُوَ بِحياتِكَ، هَيَّا تَعالَ مَعَنا بِسُرعةٍ.
شَحرُورةُ:
- بَقاؤُكَ هُنا يَعني المَوتَ، وإن مِتَّ فَلَن تُفيدَ رَوضتَكَ بِشَيءٍ!
عُصفُورةُ:
- تَعالَ مَعَنا، ونَعِدُكَ بِأَنَّكَ سَتعودُ يَومًا مَا لِتَرجِعَ لِعُشَّكَ كَما كَانَ.
العُصفُورُ لَطيمٌ (بِحزنٍ):
- سَأُعيدُ العُشَّ، ولَكِن لَن أَستَطيعَ إعادَةَ مَن فِيه!
عُصفُورةُ (بِأَسَى):
- الحَمدُ لله.. الحَمدُ للهِ.. اللَّهُمَّ لَا اعتِرَاضَ.. اللَّهُمَّ لَا اعتِرَاضَ!
العُصفُورُ لَطيمٌ (يَبكِي):
- الحَمدُ للهِ.. الحَمدُ للهِ!
أغرُودَةُ:
- هَيَّا لِنَتَعَاوَنَ فِي حَملِ العُصفُورِ الكَسيرِ؛ فَهُو لَم يَعُدْ قادِرًا عَلَى الطَّيرَانِ.
(ثمَّ يَحمِلونَ العُصفُورَ الكَسيرَ، ويَطيرونَ إلَى الرَّوضَةِ، ويَلحَقُ العُصفُورُ لَطيمٌ بِهِم).

المشهد الأخير

(إضَاءةٌ مُشرِقةٌ عَلَى الحيَواناتِ المتوَتِّرةِ والتي تَدورُ يَمِينًا ويَسَارًا عَلَى أصوَاتِ العَصافِيرِ).

شَجرةٌ (بِفرَحٍ تُحرِّكُ أغصَانَهَا):
- الحَمدُ لله، لقَد عَادُوا!
جَميعُ الحيَوانَاتِ (تَقفِزُ بفرحٍ):
- الحمدُ للهِ.. الحَمدُ للهِ.. إنَّهُم جَميعًا بِخَيرٍ.
شَحرورَةُ بِحزنٍ:
- نحنُ بِخيرٍ، ولَكن حُرِقَت رَوضتُهم ودُمِّرَت، ومَاتَ كلُّ مَن فِيها.
أغرُودَةُ (بِحزنٍ تُشيرُ إلَى العُصفُورَين):
- مَاتَ الجَميعُ يَا شَجَرة، لَم يَبقَ سِوَى هَذَين.
شَجَرَةُ (بِحزنٍ وأسًى):
- مَن أحرقَ مَوطِنَهم؟ مَن آذَاهُم؟
شَحرُورَةُ:
- حَدثَ تَفجيرٌ فِي ذَاكَ المكَانِ.

شَجرةُ (بِاستِغرابٍ):
- ومَا هُو التَّفجِيرُ؟!
أرنُوبَةُ (وهِي تَمقُتُ مَا تَقولُ):
- هُو الدَّمارُ يَا شَجرَة، هُو المَوتُ للبَشرِ، والمَوتُ للطَّبيعَةِ، والتشَرُّدُ للنَّجاةِ.
شَجرَةُ (وهِي مَذعُورَة):
- ومَن يُدَمِّرُنا؟ مَن يُشَرِّدُنا؟
خَروفةُ (بأسًى):
- الإنسَانُ.
غَزالَةُ (بِضيقٍ):
- لَا يُدمِّرُنا نحنُ فقط، بَل يُدمِّرُ البيئَة، ويُدمِّرُ نَفسَه أيضًا.
شَجرَةُ (مَذهُولَة):
- لِمَاذَا يَفعلُ ذلِك؟ ألَيسَ هُو أعقلَ المخلُوقَاتِ؟ لِمَاذَا يُؤذِي أخَاهُ الإنسَانَ ويُؤذِينا؟
فَرَاشَةُ (بِاشمئزَازٍ مِن شَرِّ الإنسَانِ وطمعِه):
- بِسَببِ الطَّمعِ يَا شَجرَة.
مَلِكَةُ (بِغَضبٍ):
- بِسببِ الخِيانَةِ وقِلَّةِ الوَفاءِ لِوطنٍ أعطَاهُم الأمنَ والأَمانَ.

خَروفَةُ:

- بَسَببِ التَّخلُّفِ والحِقدِ.

(وفَجأةً.. يَدخلُ طفلٌ يَبكِي، ويتَقدَّمُ إلَيهِم، فتَهرُبُ الحيَوانَاتُ وهِي تَصرخُ):

- إنسَانٌ.. إنسَانٌ.. اختَبِئُوا.

(ومِن ثَمَّ يَختَبئُ الجَميعُ خَلفَ الأَحجَارِ والأشجَارِ، فيَذهبُ الطفلُ للشَّجَرةِ، ويُحدِّثُها):

الطِّفلُ (بِحزنٍ):

- أَحرقَتِ السَّماءُ الأمَانَ، هَل لِي عِندَكُم مَكانٌ؟

فتَخرجُ الحَيوانَاتُ والطُّيورُ غَاضِبةً:

- اصمُتْ أيُّهَا الإنسَانُ، فَالظُّلمُ ذَمَّه القُرآنُ!

غَزالَةُ:

- السَّماءُ لَا تُشعِلُ النِّيرَانَ، بَل أنتَ مَن يُشعِلُها.

الطِّفلُ:

- صَدِّقونِي.. أسقَطَتْ عَلَينا السَّماءُ نيرَانًا، وأَحرَقَت بَيتِي ومَوطِني.

أرنُوبَةُ:

- السَّماءُ لَا تَحرقُ الأَوطَانَ، بَل أنتَ أيُّها الإنسَانُ!

خَرُوفةُ:

- السَّماءُ لَوحةٌ رسَمَها الرَّحمنُ، زَيَّنَها بِالغُيُومِ المُمطِرةِ،

والشَّمسِ والنُّجومِ المُنيرةِ، والقَمرِ الجَميلِ، والطُّيورِ المحلِّقةِ، هِي لَا تَحرِق.

العَصافِيرُ (بِقَسوةٍ تُحاوِلُ طَردَه):

- اخرُجْ يَا أيُّها الإِنسانُ! عُد مِن حيثُ أتَيتَ، لَيس عِندَنا لكَ مَكانٌ.

شَجرةُ (تَتعاطَفُ معَه):

- توَقَّفوا! فهُو طِفلٌ صَغيرٌ.

شَحرُورةُ (بِعُنفٍ):

- سَيَكبَرُ الطِّفلُ، ويُصبِحُ شِرِّيرًا.

أغرُودةُ (بِغضبٍ):

- ويَكبَرُ الطِّفلُ، ويُزهِقُ رُوحًا.

أرنُوبَةُ وخَروفَةُ وغَزالةُ (بِحزنٍ):

- ويَكبَرُ الطِّفلُ، ويَسرِقُ وطَنًا.

عُصفُورةُ (بِغضبٍ):

- خُذِي عِبرةً يَا شجَرةُ مِن التَّفجيرِ والتَّدميرِ.

الطِّفلُ (يَبكِي):

- لَا تَظلِمْني يَا عُصفورُ؛ فأنَا لِي قَلبٌ مَكسُورٌ، كَانَ لِي أبٌ وأمٌّ، لكِنِّي الآنَ لَطيمٌ.

العُصفُورُ لَطِيمٌ (بِحزنٍ):

- اترُكوُه.. فهُو مِثلِي لَا ذَنبَ لَه.

كسِيرٌ(وهُو يتألَّمُ):

- اترُكُوه يَا شَحرورةُ ويَا عُصفُورة!

شَجرةُ:
- إذًا فهُو لَا ذَنبَ لَه.
جَميعُ الحَيوَاناتِ:
- نَعم لَا ذَنبَ لَه؛ فهُو طِفلٌ مَفطورٌ علَى الخَيرِ والعَطفِ والتَّسامُحِ.
شَحرُورةُ (بِغضبٍ):
- وسَيَكبَرُ هذَا الطِّفلُ.
شَجرةُ (بِثقةٍ):
- سَيكبَرُ الطِّفلُ، ويَزرعُ شَجرةً.
العُصفُورُ الكَسيرُ:
- ويَكبَرُ الطِّفلُ فيُداوِي جُرحًا.
العُصفُورُ لَطيمٌ:
- ويَكبَرُ الطِّفلُ، ويُسعِفُ طَيرًا.
الغَزالَةُ والأرنُوبَةُ والخَروفَةُ:
- ويَكبَرُ الطِّفلُ لِيَسقِيَ زَرعًا لِيُطعِمَ حَيواناتٍ جَوعَى.
الطِّفلُ (بِثقةٍ):
- ويَكبَرُ الطِّفلُ لِيُطَوِّرَ ويُعَمِّرَ لَا لِيُدَمِّرَ.. شُكرًا لَكم جَميعًا، أعِدُكم بأَن أُحاوِلَ أن أنشُرَ السِّلمَ والسَّلامَ، وأُغَيِّرَ الإنسَانَ.

وَيُغَنِّي الجَميعُ:
رَوضَتُنا مَنهجُها الحُبُّ
تُعلِّمُنا حبَّ الغَيرِ
رَوضَتُنا مَنهجُها الخَيرُ
تُعلِّمُنا إعطاءَ الغَيرِ
صَمَّمنا فِيها دُستُورًا
وجَعَلنا الكلَّ مَسرورًا
وكَتَبْنا فِي الحُبِّ بُنودًا
وكَتَبْنا فِي الخَيرِ سُطورًا
فِي البَندِ الخَامِسِ مَكتُوبٌ
إيذاءُ الغَيرِ مَمنوعٌ

النهاية